AF370158

Succession de M. B***

CATALOGUE

DES

BRILLANTS

BIJOUX, ARGENTERIE

Potoenailes de vorge ...

TABLEAUX ANCIENS ET MODERNES

MEUBLES ANCIENS ET MODERNES

LIVRES

DONT LA VENTE AURA LIEU

HOTEL DES VENTES, SALLE N° 2

Les Lundi 29, Mardi 30 et Mercredi 31 Mai 1876

A DEUX HEURES PRÉCISES

Par le ministère de M° **BOSSY**, Commissaire-Priseur,
rue de la Grange-Batelière, 15,
Assisté de **M. CHARLES MANNHEIM**, Expert, rue Saint-Georges, 7

EXPOSITION PUBLIQUE

Le Dimanche 28 Mai 1876, de deux heures à cinq heures

PARIS — 1875

Vᵛᵉ RENOU, MAULDE et COCK

IMPRIMEURS DE LA COMPAGNIE DES COMMISSAIRES-PRISEURS

Rue de Rivoli, 144.

Succession de M. B***

CATALOGUE

DES

BRILLANTS

BIJOUX, ARGENTERIE

Porcelaines de Sèvres, de Saxe, de Chine et du Japon
Faïences anciennes, Bronzes

TABLEAUX ANCIENS ET MODERNES

MEUBLES ANCIENS ET MODERNES

LIVRES

DONT LA VENTE AURA LIEU

HOTEL DES VENTES, SALLE N° 2

Les Lundi, 29, Mardi 30 et Mercredi 31 Mai 1876

A DEUX HEURES PRÉCISES

Par le ministère de M⁰ **BOSSY**, Commissaire-Priseur,
rue de la Grange-Batelière, 13,
Assisté de **M. CHARLES MANNHEIM**, Expert, rue Saint-Georges, 7.

EXPOSITION PUBLIQUE

Le Dimanche 28 Mai 1876, de deux heures à cinq heures.

PARIS — 1876

CONDITIONS DE LA VENTE

—

Elle sera faite expressément au comptant.
Les Acquéreurs paieront CINQ POUR CENT, en sus des adjudications, applicables aux frais de vente.

ORDRE DES VACATIONS

—

Le Lundi 29 Mai 1876
Livres, Bijoux, Argenterie.

Le Mardi 30 Mai 1876
Faïences, Porcelaines, Meubles d'art, Bronzes, Tableaux.

Le Mercredi 31 Mai 1876
Batterie de cuisine, Linge, Meubles courants et Vins.

DÉSIGNATION

DIAMANTS ET BIJOUX

1 à 6 — Douze Brillants montés en boutons de manchettes. Ils seront vendus par deux.

7 — Deux Boutons doubles pour manchettes, en or émaillé bleu et enrichis de diamants.

8 — Quatre Boutons doubles pour manchettes, ornés de perles.

9 — Épingle de cravate formée d'une boule pavée de diamants.

10 — Quantité de Boutons de manchettes en or et pierreries.

11 — Quelques Épingles de cravates, dont une ornée d'un petit brillant.

12 — Bague ornée d'un brillant.

12 *bis* Chaîne de col en or, quatre Chaînes de gilet.

13 — Cinq Montres en cuivre.

14 — Deux Pédomètres.

15 — Six Montres en or. à remontoir, ancre, cylindre, secondes indépendantes.

16 — Quantité de Porte-plumes, Porte-crayons et Bijoux divers.

ARGENTERIE

Une Caisse contenant : vingt-quatre couverts de table, une louche, deux cuillères à ragoût, vingt-quatre autres d'entremets, quatre pièces pour hors-d'œuvre, deux cuillères à moutarde, six pelles à sel, vingt-quatre cuillères à café, douze fourchettes à huîtres, quatre cuillères à compotes, une pince et une cuillère à sucre, une truelle à poisson, un manche à gigot, un couteau, une fourchette à poisson, un service à salade, un service à découper, une pince à asperges, vingt-quatre couteaux de table et vingt-quatre couteaux de dessert;

Cinq kilos Argenterie : jetons, cafetières, couverts, flambeaux.

LIVRES

Dictionnaire d'Histoire naturelle, Histoire de France, Ouvrages et Romans divers, par Alex. Dumas, Eugène Sue, J.-J. Rousseau, Balzac, Lamartine, Victor Hugo, Ponson du Terrail et autres.

OBJETS VARIÉS

17 — Deux grands Vases en cuivre émaillé de la Chine, décorés de figures et de fleurs.

18 — Plaque en émail de Limoges. — Scène tirée de l'histoire de la Vierge. Cadre en bois noir et cuivre.

19 — Deux petites Plaques rondes en cuivre émaillé, peintes en grisaille sur fond bleu avec cadres en cuivre.

20 — Tableau en vernis de Martin à fond d'or et décoré de figures dans un paysage.

21 — Tableau russe couvert en partie par une plaque d'argent repoussé.

22 — Pendule de bureau, dans le stye de la Renaissance, en cuivre ciselé et doré, de forme carrée.

23 — Pendule mignonnette en argent émaillé à froid et enrichie de pierreries. Travail de Vienne.

24 — Bonbonnière de même travail.

25 — Deux petites Coupes en émail de Canton montées en bois sculpté.

26 — Cuvette et Pot à eau et garniture de toilette en émail de Chine.

27 — Petit Bas-relief en ivoire sans fond, avec cadre en bronze. Époque Louis XVI.

28 — Deux Plaques en cuivre champlevé et émaillé. Travail moderne.

29 — Deux Pièces : Scènes champêtres.

30 — Deux Pièces : paysage fixé et miniature : jeux d'amours.

31 — Trois Feuilles d'éventails montées dans des cadres dorés.

32 — Quatre Gouaches : scènes champêtres.

FAIENCES ET PORCELAINES

33 — Deux grands Plats ronds en porcelaine tendre à fond vert et Médaillons sujets mythologiques.

34 — Petit Groupe de deux figures d'enfants en porcelaine de Frankenthal : l'abondance.

35 — Divers Groupes et Figurines en porcelaine moderne de Saxe.

36 — Deux pièces de surtout en porcelaine moderne ornées chacune d'un groupe de deux figures.

37 — Chèvre debout, en ancienne porcelaine de Saxe.

38 — Vase de forme ovoïde en faïence italienne, décoré de bustes d'hommes et d'ornements. Il est monté sur un pied en bois noir incrusté d'ivoire et enrichi de figurines et de cariatides en ivoire.

39 — Environ cent vingt pièces : assiettes et compotiers
en ancienne porcelaine de Chine ou de l'Inde à
décors variés. Ce lot sera divisé.

40 — Environ cinquante Plats et Assiettes en faïence
des diverses fabriques.

41 — Coupe ronde en porcelaine de Sèvres à décor d'ornements, montée en bronze.

42 — Deux Plateaux à fond gros bleu, au chiffre du roi
Louis-Philippe, montés en bronze.

43 — Douze petits Plateaux en porcelaine de Chine, décorés de fleurs.

44 — Tasse et Soucoupe en faïence de Castelli décorée
de figures dans les paysages.

45 — Petit Vase en porcelaine de Chine flambée, sur
pied en bronze.

46 — Deux Vases en porcelaine moderne du Japon à
dragons en relief.

47 — Deux Figurines de musiciens en porcelaine d'Alle-
magne.

48 — Petit Miroir ovale à biseaux, avec cadre en porcelaine moderne de Saxe.

49 — Deux Vases en porcelaine moderne de la Chine,
décorés de caractères en relief.

50 — Deux Figurines en porcelaine tendre fond bleu
turquoise, modèle connu sous le nom de Garde-
à-vous, sur socles en pâte tendre fond gros bleu
et or.

51 — Vase en porcelaine moderne, décoré de figures. Il
contient un bouquet de fleurs surmonté d'un
oiseau automate et sifflant.

—

BRONZES ET MEUBLES

52 — Pendule et son socle support à consoles, plaquée
d'écaille, incrustée de filets de cuivre et garnie
d'ornements de bronze ciselé. Époque Louis XIV.

53 — Deux petits Meubles vitrines en bois laqué noir et
décor de fleurs peintes avec panneaux sculptés
à jour et à deux portes vitrées chacun.

54 — Glace à biseaux avec cadre en bois sculpté et doré
rehaussé de couleurs portant des écussons ar-
moriés.

55 — Joli Meuble en bois noir, à cariatides et à porte en
bois d'ébène à figures sculptées et à fronton
découpé. Il renferme un cabinet avec portes
plaquées d'ébène gravé et un tabernacle en
marqueterie et peintures. Le bas contient un
coffre-fort.

56 — Grande Pendule à carillon en bois d'acajou et bois
sculpté et doré, à festons de fleurs et ornements.
Époque Louis XVI.

57 — Glace avec cadre à compartiments de glace et bor-
dure dorée.

58 — Grande Armoire Louis XVI en bois de chêne
sculpté.

59 — Deux Cadres dorés contenant des branchages sur
lesquels sont montés des oiseaux empaillés.

60 — Écran en bambou orné d'une feuille de soie bro-
dée en soies de couleur.

61 — Portrait de Napoléon III encadré d'ornements et
surmonté de la couronne impériale, exécuté en
soie sur fond bleu, par Furnion père et fils aîné,
à Lyon, 1855.

62 — Fût de colonne torse en bois noir.

63 — Petit Vase en cuivre émaillé supporté par deux
figurines d'enfants en cuivre doré au mat.

64 — Deux petites Jardinières de même travail.

65 — Deux petits Vases ovoïdes à deux anses en cuivre
jaune.

66 — Jardinière en verre sur pied en bronze doré, composé de figures et de dauphins.

TABLEAUX

67 — **Baudoin** (D'après). Le Coucher de la Mariée.

68 — **Breughel de Velours**. Paysage avec figures; sur cuivre.

69 — **Delessard** (Auguste), 1848. Le Voile déchiré.

70 — **Demarquay**, 1874. Soldats au bivouac.

71 — **Govaerts**. L'Enlèvement d'Europe.

72 — **Guyot**, 1838. La mort du Connétable.

73 — **Laborne** (Émile). Rue de village, avec figures.

74 — **Noël** (Jules). Vue du Tréport, 1867.

75 —   **Id.**   Deux pendants : les Plaisirs de la campagne.

76 — **Platzer**. Deux pendants : Scènes tirées de l'histoire de David.

77 — **Rubens** (École de). La Vierge dans sa gloire.

78 — **Vernet** (D'après Joseph). Deux pendants : Effet de nuit et baigneuses.

79 — **Watteau** (D'après). Deux pendants : Colin-Maillard et Scène de danse.

80 —   **Id.**   Deux pendants : Scènes champêtres.

81 — **École allemande**. Portrait de Marie Leczinska?

82 — **École flamande.** Scène de triomphe.

83 —   **Id.**   La Manne. Composition d'un grand nombre de figures.

84 —   **Id.**   Diane et ses compagnes à la chasse. Sur cuivre.

85 — **École française.** Le Sacrifice d'Iphigénie.

86 —   **Id.**   Sujet mythologique.

87 —   **Id.**   Portrait supposé de Barra, petit tambour de la République (Pastel).

88 —   **Id.**   Bataille du temps de Louis XIV.

89 —   **Id.**   Diane et Endymion.

90 —   **Id.**   Le Christ et la Femme adultère.

91 — **École de Fontainebleau.** Les Sciences et les Arts.

92 — **École italienne.** Sainte Cécile et trois anges.

———

MEUBLES

Meuble de salon en palissandre avec bronze, couvert de soie rouge, composé d'un canapé, deux coins de feu, quatre fauteuils et quatre chaises, quatre rideaux de fenêtres.

Quatre petits Fauteuils se réunissant formant pouff.

Table à jeu, Meuble d'entre-deux, Glaces, Foyers.

Salle à manger en acajou.

Chambre à coucher en palissandre.

Meubles de cabinet en bois noir, Caisse de sûreté.

Rideaux, Tapis, Lampes, Flambeaux, Porcelaine, Verrerie, Literie.

Linge de table et Linge de maison.

Batterie de cuisine.

Vins : Six cents Bouteilles de vin rouge et blanc de Bordeaux.

Vᵉˢ Renou, Maulde et Cock, imprˢ de la Cⁱᵉ des Commissaires-Priseurs, rue de Rivoli, 144.   65562